이야기대화식 책별 성경연구 » 신약
SERIES

이대희 지음 | 바이블미션 편

요한계시록 2

(요한계시록 11~22장)

엔크리스토
ENCHRISTO

그리스도인이라면 누구나 한 가지 소망이 있습니다. 그것은 성경 66권을 공부하는 일입니다. 이 일이 쉽지는 않지만 누구나 한 번쯤 도전하고 싶을 것입니다.

성경을 공부하는 방법으로는 보통 주제별, 제목별, 개관별 등의 방법이 있지만, 성경공부의 진수를 맛보려면 책별 성경공부 이상 좋은 것이 없습니다. 새롭게 편성하여 주제를 맞추어 공부하는 것보다는 성경 자체를 가감 없이 공부하는 것이 더욱 필요합니다.

이런 의도에서 필자는 엔크리스토 성경대학을 통하여 수강생들과 함께 수년 동안 책별로 매년 한 권씩 연구해 나가고 있습니다. '이야기대화식 책별 성경연구 시리즈' 는 그동안 성경대학에서 워크숍을 통해 함께 연구한 것을 토대로 다시 정리하고 펴낸 시리즈입니다. 탁상에서 집필한 것을 현장에서 사용함으로써 피드백을 거친 정통한 시리즈입니다. 어려운 작업이지만, 성경 66권 모두를 연구하고 펴낼 수 있기를 기도합니다.

성경을 공부하는 것은 영적 성장에 있어서 대단히 중요한 일입니다. 설교를 듣는 것으로는 영적 성장에 한계가 있습니다. 신앙의 홀로서기를 위해서는 개인적인 성경연구와 소그룹을 통한 성경공부가 필수입니다. 어느 한쪽으로 치우치지 않고 균형 잡힌 신앙, 즉 하나님이 원하시는 온전한 신앙으로 자라기 위해서는 성경 자체를 공부해야 합니다.

그동안 한국 교회에서는 주로 강해설교를 통해 성경공부를 했습니다. 그러나 이제는 한 걸음 더 나아가 성도들이 그룹으로 성경 본문 자체를 연구하면서 스스로 성경을 보는 눈을 키워야 합니다. 이를 위해서는 누구나 여행하는 마음으로 성경 속으로 들어가 공부할 수 있는 책별 성경공부가 필요하다는 생각이 들었습니다. 그래서 한국 상황에 맞는 이 시리즈가 탄생하게 되었습니다.

성경을 점점 더 멀리하는 이 시대이지만 주님께서는 성경을 통해 믿음이 다음 세대까지 전수되고 말씀을 통해 주님의 제자가 세워지기를 간절히 원하십니다. 저 또한 이야기대화식 성경연구 시리즈가 말씀을 회복하는 일에 쓰이기를 원합니다. 본 교재를 통해 성경의 참맛을 느끼고 말씀의 재미를 경험한다면 이보다 더 의미 있는 일은 없을 것입니다.

그동안 많은 분들이 이야기대화식 성경연구 방법을 현장에 적용하면서 성경을 보는 눈이 열리고 말씀을 재미있게 보게 되었다고 고백하고 있습니다. 이 교재를 사용하는 분들에게도 같은 은혜가 있기를 기도합니다. 말씀을 나누는 각 교회 현장에서 성경이 살아나고 영혼이 살아나며 교회와 가정과 이웃과 민족이 생기를 얻는다면 이보다 더 좋은 일은 없을 것입니다.

말씀을 통한 새 역사를 꿈꿉니다. 또 말씀이 동력이 되어 교회와 개인의 신앙이 성장하기를 소원합니다. 우리의 모든 삶은 세상적인 경험이나 사조, 유행이 아닌 말씀에서 나와야 합니다. 모든 것의 근원인 말씀에서 삶과 프로그램이 나온다면 그것이야말로 말씀의 성육신을 이루는 삶이라 할 수 있습니다. 이야기대화식 책별 성경연구 시리즈가 말씀의 생활화를 이루는 초석이 되기를 기도합니다.

성서사람 · 성서교회 · 성서한국 · 성서나라가
이루어지는 그날을 꿈꾸며
이 대 희

1 성경 전체 66권을 각 권별로 자유롭게 선택하여 사용할 수 있는 성경공부입니다.

2 드라마를 보며 여행하는 재미를 경험하는 내러티브 성경공부입니다.

3 모든 세대(중등부~장년부) 누구나 참여할 수 있는 총체적 성경공부입니다.

4 이야기와 대화를 사용하는 소그룹, 셀그룹, 구역 등에 적합한 성경공부입니다.

5 다양한 상황(성경강해, 기도회, 성경공부 모임)에 응용할 수 있는 성경공부입니다.

6 성경 전체를 체계적으로 연구할 수 있는 성경공부입니다.

7 장기적으로 신앙성장을 이루는 균형 잡힌 평생 양육 성경공부입니다.

8 귀납적 방법과 이야기대화식 방법을 조화시킨 한국 토양에 맞는 성경공부입니다.

9 말씀의 능력을 체험하면서 삶의 변화를 이루는 역동적 성경공부입니다.

10 성경 속으로 누구나 쉽게 다가서며 말씀의 깊이를 체험하는 성경공부입니다.

11 영적 상상력과 응용력을 키워 주는 창의적 성경공부입니다.

차 례

교 재 사 용 에 앞 서

1 책별 성경연구 시리즈는 연속극처럼 연결되는 맛이 있으므로 장면 장면이 서로 이어지게 하면서 하나의 이야기로 이끌어 가도록 합니다.

2 어떤 사상이나 교리보다는 성경 말씀 자체를 사랑하며 말씀이 나를 보도록 하고 오늘 나에게 주시는 음성을 듣는 데 초점을 맞춰야 합니다.

3 교재에 너무 의지하기보다는 교재에 나와 있는 질문을 중심으로 각자 새롭게 상황에 따라 창의적으로 만들어 가면서 본문 말씀 안으로 들어가도록 합니다.(Tip은 먼저 보지 말고 이해되지 않을 때 참고)

4 성경을 연구하면서 점차 성경을 보는 눈과 능력을 배양하고 성경 안으로 깊이 들어가는 데 목표를 둡니다.

5 일방적인 강의보다는 소그룹에서 대화를 나누는 방식으로 그룹 활성화를 이루어 성경공부의 흥미를 유발합니다. (자세한 인도자 노하우는 《이야기대화식 성경연구》(이대희 저, 엔크리스토 간)를 참조)

6 성경책별의 유형을 잘 살펴서 그것에 맞는 특징을 살리면 더욱 성경공부가 흥미롭습니다.

7 책별 성경연구는 각 과가 장면 형태로 구성되어 있고 기존의 지식형 공부방법을 탈피하여 드라마나 영화 장면을 보는 것처럼 입체적 상상력을 갖고 성경을 공부하는 방식입니다.

8 각 과가 진행될 때 해당하는 과를 모두 마쳐야 한다는 중압감을 벗고 상황에 따라 과를 두 번에 나누어 진행하는 등, 성령의 인도에 따라 자유롭게 하는 것이 좋습니다.

그리스도인 이라면 누구나 갖는 한 가지 소망 ……
이 한 권에 담긴 이야기의 소망 ……

Narrative

요한계시록 2

Narrative 요한계시록

1. 요한계시록의 정황

창세 이후부터 인간은 하나님이 주인되심을 거절하며 자기가 하나님을 대신하려 했습니다. 대표적인 예가 세상의 임금들입니다. 힘과 권력을 가진 세상의 임금은 자기 스스로 신이라 칭하면서 신의 지위를 누렸습니다. 그리고 하나님의 백성을 핍박했습니다.

요한계시록을 쓴 당시는 로마가 세계를 지배한 시대였습니다. 로마 황제(도미티안)는 신이라 칭함을 받으면서 신의 지위를 누렸습니다. 그 속에서 기독교인들은 고난과 죽음을 당했습니다. 요한계시록은 이런 상황에서 세상의 중심이 세상의 왕이 아닌 예수 그리스도임을 증거하고 있습니다. 소아시아에 있는 일곱 교회에게 오직 예수 그리스도를 믿고 의지해야 함을 강조하고 있습니다. "두려워 말라. 나는 처음이요 나중이니"(계 1:17)는 요한계시록의 핵심을 이루는 구절입니다.

>> 요한계시록의 저술 시기

AD 90년과 100년 사이에 기록된 것으로 간주합니다. 이 기간은 예루살렘 성전이 로마에 의해 파괴된 시기입니다. 요한계시록은 성전이 파괴된 정황을 전제로 읽어야 합니다.

>> 요한계시록의 저술 의도

요한계시록은 독자들로 하여금 하나님이 혼돈과 악의 세력에 대하여 궁극적인 승리를 거두게 된다는 확신과, 하나님이 역사의 주관자가 되심을 강조함으로써 성도들로 하여금 부조리한 현실에 대항하여 싸울 것을 격려하고 있습니다. 불의한 세상과 타협하지 말고 저항하면서 살아갈 것을 권면하고 있습니다. 저자는 어린양의 삶의 방식을 따라 사는 믿음 공동체를 추구하고 있습니다.

또한 요한계시록은 개인을 위한 권면이 아닌 신앙 공동체 전체를 위한 메시지입니다. 로마의 정권(도미티안 황제)에 저항하면서 현실적 어려움을 인내로써 이겨낼 것을 강조합니다. 어린양의 길은 눈에 보이기에는 패배한 것 같지만 궁극적으로는 참된 승리의 길입니다.

>> 요한계시록의 저술 방식

요한은 명제적 사고와 서사적 사고 가운데 후자를 선호하고 있습니다. 요한계시록에 등장하는 이미지, 상징, 환상, 비유, 묵시적 묘사들은 서사의 요소를 갖추고 있습니다. 직접적인 명제적 선포의 방식보다는 공동체의 상상력에 주의를 환기시키면서 새롭게 세상을 바라보게 하는 데 관심을 두고 있습니다. 즉 거짓된 현실의 세계를 폭로하고 아울러 미래의 새로운 세계의 비전을 서사적으로 제시하고 있습니다.

믿음의 공동체는 힘이 아닌 예배를 통하여 이루어집니다. 요한계시록에 나오는 경배와 찬양과 예배에 대한 것은 세상의 제국이 예배의 대상이 될 수 없고 오직 하나님에게만 예배해야 함을 말합니다.

>> 요한계시록 읽기 방식

1. 요한계시록은 성도들에게 심판에 대한 두려움을 갖게 하기보다는 오히려 고난당하는 하나님의 백성들에게 소망과 위로를 주기 위한

책입니다.

2. 우주적 종말에 대한 청사진을 제시하려고 하는 것이 아니라, 종말이 누구의 손에서 이루어지는가 하는 것에 초점을 두고 읽어야 합니다.

3. 복음의 메시지로 읽어야 합니다. 예수 그리스도의 죽음과 부활이 요한계시록의 중심 메시지입니다. 요한계시록은 그 중심이 종말론에 있기보다는 기독론에 있습니다.

4. 요한계시록은 하나님이 역사를 통치하시고 예수 그리스도를 통해서 완성하신다는 메시지가 전체에 흐르고 있습니다. 이렇게 전체적으로 보면 요한계시록은 매우 쉽고 명료합니다. 그러나 세부적으로 보면 내용이 난해합니다. 그것은 다양한 해석이 공존하고 그 정답은 하나님만이 알 수 있다는 전제가 필요합니다. 요한계시록을 읽는 독자는 늘 겸손한 마음으로 요한계시록이라는 거대한 산봉우리를 올라야 합니다.

〉〉 요한계시록의 구조

프롤로그(1:1-8)

一인사말과 요한계시록의 소개

도입(1:9-3:22)

一메시지 전체에 대한 토대(요한계시록 중심 메시지-예수 그리스도)

一승리하신 예수 그리스도(1:9-20)

一승리하신 그리스도가 일곱 교회에게 말씀하신 내용(2-3장)

본론(4장-16장)

一도입부: 하나님과 예수님을 소개(종말은 그리스도로 인하여 온다)
(4-5장)

一중심부: 그리스도로 인하여 구속과 심판이 도래함(6-16장)

마무리(17:1-22:5)

ㅡ악한 세상/ 최종심판: 바벨론과 두 짐승과 쫓았던 자들(17:1-20:15)

ㅡ교회공동체/ 구속의 완성: 새 창조와 새 예루살렘인 교회공동체

(21:1-22:5)

에필로그(22:6-21)

ㅡ인사와 마무리

〉〉 왜 비유와 상징을 통한 메시지를 사용했는가?

요한계시록에는 상징과 비유가 많이 나옵니다. 그것은 귀 있는 자들
은 듣게 하기 위함입니다. 강퍅한 자는 더 강퍅하게 하는 효과가 있습
니다. 비유나 상징의 메시지는 하나님의 백성들과 그렇지 않는 자들을
더욱 극명하게 나뉘게 합니다. 예수님이 비유를 사용하신 방법도 동일
합니다.(사 6:9-10; 마 13:9-17, 43)

2. 요한계시록 전체 조감도

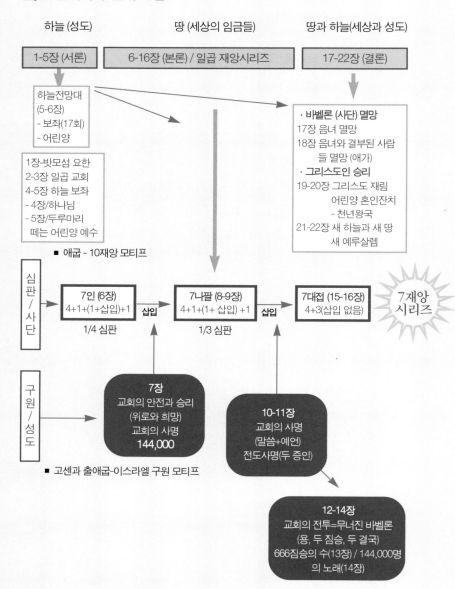

하늘 (성도) 땅 (세상의 임금들) 땅과 하늘(세상과 성도)

| 1-5장 (서론) | 6-16장 (본론) / 일곱 재앙시리즈 | 17-22장 (결론) |

하늘전망대
(5-6장)
- 보좌(17회)
- 어린양

1장-밧모섬 요한
2-3장 일곱 교회
4-5장 하늘 보좌
- 4장/하나님
- 5장/두루마리
　떼는 어린양 예수

■ 애굽 - 10재앙 모티프

· 바벨론 (사단) 멸망
17장 음녀 멸망
18장 음녀와 결부된 사람
　　들 멸망 (애가)
· 그리스도인 승리
19-20장 그리스도 재림
　　　어린양 혼인잔치
　　　- 천년왕국
21-22장 새 하늘과 새 땅
　　　새 예루살렘

심판 / 사단

| 7인 (6장) 4+1+(1+삽입)+1 | 삽입 | 7나팔 (8-9장) 4+1+(1+ 삽입) +1 | 삽입 | 7대접 (15-16장) 4+3(삽입 없음) |

1/4 심판　　　　　1/3 심판

7재앙 시리즈

구원 / 성도

7장
교회의 안전과 승리
(위로와 희망)
교회의 사명
144,000

■ 고센과 출애굽-이스라엘 구원 모티프

10-11장
교회의 사명
(말씀+예언)
전도사명(두 증인)

12-14장
교회의 전투=무너진 바벨론
(용, 두 짐승, 두 결국)
666짐승의 수(13장) / 144,000명
의 노래(14장)

SCENE 1

두 증인과 복음 사명

| 성경 본문 | 요한계시록 11:1-19

11장은 여섯 나팔 재앙과 일곱 나팔 재앙 사이에 존재하는 두 번째 삽입 내용입니다. 11장 역시 고난 속에서 교회의 사명을 말하고 있습니다. 11장에 나오는 두 증인의 이야기를 통하여, 예수님의 길과 비슷한 고난, 죽음, 부활, 승천의 길을 따라가는 복음의 증인들(교회)의 길이 제시되어 있습니다. 이것은 세상에서 교회가 어떤 모습으로 살아야 할 것인지 잘 보여주고 있습니다. 갑자기 성전을 척량하는 일은 두 증인의 메시지와 연관이 있습니다. 요한계시록에서 삽입은 그리스도인의 모습과 관계가 있습니다.

말씀의 살핌

1. 요한은 측량자로 쓸 수 있는 막대기를 받았는데 그에게 부여된 임무는 무엇입니까?(1-2)

_____

_____

2. 이방인들은 거룩한 성을 얼마 동안 더럽혔습니까?(2)

_____

_____

3. 하나님이 준비한 두 증인이 하는 일은 무엇입니까?(3)

_____

_____

4. 두 증인을 해치려고 시도할 때는 어떤 일이 일어납니까?(4-5)

_____

_____

5. 저희가 받은 권세는 어떤 것들입니까?(6)

_____

_____

6. 저희가 증거를 마치면 어떤 일이 일어납니까?(7-9)

_____

_____

7. 두 선지자가 그동안 땅의 사람들에게 어떤 일을 했습니까? 땅에 거하는 사람들은 선지자들의 죽음을 어떻게 즐거워했습니까?(10)

_____

_____

8. 삼 일이 지나자 어떤 일이 일어났습니까?(11)

_____

_____

9. 이때 요한은 하늘로부터 큰 음성을 들었습니다. 그 일 후에 두 선지자에게 어떤 일이 일어났습니까? 그리고 그 순간 땅에는 무슨 일이 일어 났습니까?(12-13)

_____

_____

10. 이렇게 해서 두 번째 화가 지나고 세 번째 화가 닥쳤습니다. 삽입이 끝나고 일곱 번째 천사가 나팔을 불자 큰 음성으로 말하는 노랫소리가 들렸는데 그 내용은 무엇입니까?(14-15)

_____

_____

11. 보좌에 앉은 이십사 장로들이 엎드려 하나님께 경배한 내용은 무엇입니까?(16-18)

_____

_____

12. 이때 하늘의 성전문이 열리면서 무엇이 보였습니까? 그리고 그것은 무엇으로 둘러싸여 있었습니까?(19)

_____

_____

1. 성전 측량을 하는 과정에서 성전과 제단과 그 안에 경배하는 자들은 측량하되 왜 성전 바깥마당은 측량하지 말라고 했습니까?

_____

Tip 하나님의 성전에 대해서는 논란이 많습니다. 직접적으로 예루살렘 성전으로 이해할 것인지 아니면 비유적으로 이해할지 다양한 견해가 있지만 비유적으로 보는 것이 적절해 보입니다. 이것은 계시록 21장과 연관이 있습니다. 21장에 나오는 성전은 완성된 하나님의 나라와 백성들이지만 11장은 아직 영화롭지 못한 하나님의 백성들과 순례도상에 있는 하나님의 교회를 말합니다. 척량은 구약성경에 보호와 파괴(암 7:7-9; 사 28:16-17)의 의미를 지니고 있습니다. 여기서는 하나님의 보호하심으로 이해될 수 있습니다. 마치 144,000명이 보호되는 것과 같은 의미입니다. 여기서 문제는 성전 밖의 마당을 척량하지 말라는 구절인데 이것은 하나님의 구원에서 제외된다는 의미보다는(11장의 전체 문맥에 연결이 안 된다) 하나님의 백성들이 영적으로 보호되지만 외부인들의 공격을 받아 고난을 당하게 되는 것을 말한다고 볼 수 있습니다. 하나님의 인침과 척량된 것은 고난을 동반한 구원임을 말합니다. 이것은 거룩한 성이 마흔두 달 동안 고난을 당할 것과 연관됩니다. 일시적이지만 고난받는 교회의 모습을 보여줍니다.

2. 마흔두 달은 얼마 동안입니까? 이것의 의미는 무엇입니까?(참고. 딤후 3:1-13; 살후 1:4-9)

3. 두 증인, 두 감람나무, 두 촛대는 누구를 의미합니까? 이들이 당하는 고난과 부활의 영적 의미는 무엇입니까?

4. 두 증인이 가진 능력(6절)과 이들이 당하는 고난과 부활의 영적 의미 는 무엇입니까?

말씀의 실천

1. 오늘 말씀을 통해 깨달은 영적 교훈과 붙잡아야 할 약속의 말씀은 무엇입니까?

_____

_____

2. 오늘 말씀을 통해 얻은 신앙의 각오와 결단은 무엇입니까?

_____

_____

3. 한 주간 동안 실천해야 할 말씀의 내용은 무엇입니까?

_____

_____

 내가 깨달은 영적 교훈과 삶의 적용

_____

_____

_____

_____

용의 도전과
교회의 응전

| 성경 본문 | 요한계시록 12:1-17

12장은 일곱째 나팔 재앙이 마치면서 그것에 이어 삽입 내용이 시작됩니다. 이 내용은 13-14장까지 이어집니다. 앞에 나오는 10-11장의 삽입과 12-14장 삽입은 어떤 면에서 다를까요. 앞에 나오는 10-11장 삽입은 증인으로서 교회의 사명을 말했다면 이제 12-14장은 교회가 감당해야 할 영적 전투에 대해서 말하고 있습니다. 세상과 하나님의 심판이 끝날 때까지 교회는 사단과 계속적인 전투를 해야 함을 말하고 있습니다. 교회와 그리스도인은 끝까지 영적 전투에서 밀리지 말고 인내를 가지고 응전하라는 내용입니다. 12장은 용의 도전이 나옵니다. 그리고 사단으로 상징되는 용과 투쟁하는 교회의 모습을 그리고 있습니다.

말씀의
살핌

1. 요한이 본 하늘에서 일어난 첫 번째 이적의 모습은 무엇입니까?(1-2)

_____

_____

2. 다시 본 두 번째 이적의 환상을 말해 보십시오.(3-4)

_____

_____

3. 여자가 아들을 낳았는데 그는 누구이며 후에 어떻게 되었습니까?(5)

_____

_____

4. 여자는 광야에 도망하여 하나님께 얼마 동안 양육을 받았습니까?(6)

_____

_____

5. 하늘에 전쟁이 일어났는데 그 모습이 어떠했는지 말해 보십시오.(7-9)

_____

_____

6. 하늘에서 일어난 전쟁에 대해 하늘에서 들린 큰 음성을 정리해 보십시오.(10-12)

7. 하늘에서 쫓겨난 용은 누구를 박해합니까? 이것에서 구원을 받는 여자의 모습은 무엇입니까?(13-16)

8. 용이 자기의 뜻대로 여자를 해하지 못하자 나중에는 어떻게 합니까?(17)

1. 해를 입은 여자와 아이의 정체는 무엇입니까?

Tip 여자에 대해서는 많은 의견이 있습니다. 가톨릭은 여자는 마리아라고 말합니다. 그러나 이것은 영광스러운 하나님의 교회를 표현해 주는 것이라 할 수 있습니다. 아이는 교회를 통해 잉태된 예수 그리스도를 말합니다. 여기에서는 그리스도의 탄생과 승천까지의 일을 간단하게 기록하고 있습니다.

2. 용은 누구를 말합니까?

―――――――――――――――――――――――――――――

Tip 용은 사단을 말합니다(9절). 그가 가진 일곱 머리 일곱 면류관은 하나님을 지칭할 때 사용된 것인데 하나님을 패러디한 모습입니다. 그가 가진 뿔 열 개는 그리스도가 가진 왕권을 모방한 것입니다.

3. 천상에서 벌어진 전쟁에서 패배하여 용이 땅으로 쫓겨났다는 것은 무엇을 의미합니까? 이것을 통해 주는 영적 교훈은 무엇입니까?

Tip 사단은 하나님께 쫓겨난 패배한 존재입니다. 잠시 동안 땅에서 사람들을 괴롭히지만 그는 이미 내쫓긴 영물입니다. 능력과 힘을 가졌다 해도 그는 이미 패배했습니다. 사단과의 싸움은 이미 이긴 싸움입니다. 그리스도인은 사단을 더 이상 무서워할 필요가 없습니다.

4. 11절을 통해 교회가 용(사단)을 이기는 승리 방법을 정리해 보십시오?

Tip 교회가 사단을 이기는 방법은 세 가지로 정리할 수 있습니다. 첫째, 어린양의 피인 예수 그리스도의 십자가 보혈을 의지하는 것입니다. 둘째, 때를 얻든지 못 얻든지 말씀을 증언하는 일입니다. 셋째, 죽기까지 자기 목숨을 바쳐 사단과 싸우는 일입니다. 물론 이 싸움은 이미 승리가 보장된 싸움입니다. 실패하지 않는 싸움입니다. 성공 실패는 이미 승리한 싸움을 믿고 얼마나 인내하느냐에서 결정됩니다.

5. 여자가 광야로 간 것은 무엇을 의미합니까? 여기서 양육받는 1260일과 3년 반은 (6절, 14절) 무엇을 말합니까?

Tip 광야는 하나님의 보호하심의 상징입니다. 1260일과 3년 반은 하나님의 보호기간을 의미합니다. 여기서 정확한 기간을 말하는 것은 어렵습니다. 앞에 나온 144,000의 인 치심과 같은 사용법이라고 볼 수 있습니다.

6. 사단은 여자를 공격하다가 안되니까 그의 구성원들을 공격합니다. 그 이유가 무엇입니까?

Tip 사단은 교회 공동체를 향해 공격을 했지만 하나님의 도우심으로 실패했습니다. 그 러자 그는 포기하지 않고 교회 공동체 구성원인 개개인에게 공격을 합니다. 그리스 도를 믿는 사람은 그리스도와 하나입니다. 그리스도가 핍박당하는 것은 곧 그리스 도인이 핍박당하는 것입니다. 사단이 그 다음 단계로 교회 구성원을 공격하는 것은 정해진 수순입니다.

말씀의
실천

1. 오늘 말씀을 통해 깨달은 영적 교훈과 붙잡아야 할 약속의 말씀은 무 엇입니까?

2. 오늘 말씀을 통해 얻은 신앙의 각오와 결단은 무엇입니까?

3. 한 주간 동안 실천해야 할 말씀의 내용은 무엇입니까?

_____

_____

 내가 깨달은 영적 교훈과 삶의 적용

SCENE 3

두 짐승과 전투

| 성경 본문 | 요한계시록 13:1-18

13장은 12장에 이어지는 이야기입니다. 13장은 12장에 나온 용의 하수인격인 바다에서 올라온 짐승과 땅에서 올라온 두 짐승의 도전과 교회 공동체의 응전에 대한 권면이 소개되고 있습니다. 이것은 사단의 하수인들인 세상의 왕들과 하나님의 교회와 영적 전투를 묘사하고 있습니다. 악한 이들의 도전에 대해서 교회는 어떻게 응전해야 하는지를 말해 주고 있습니다. 여기에 나오는 짐승은 사단의 하수인들을 상징합니다.

1. 요한은 바다에서 올라오는 짐승을 보았는데 그 짐승의 모습은 어떠
했습니까?(1-2)

_____

_____

2. 바다에서 올라온 짐승은 용에게 권세를 부여받습니다. 세상은 그를
어떻게 대했습니까?(3-4)

_____

_____

3. 짐승은 하나님을 어떻게 했습니까? 그리고 무엇을 부여받았습니
까?(5-7)

_____

_____

4. 세상에서 누가 그 짐승에게 경배를 하게 됩니까? 짐승을 따르는 사
람들은 어떻게 됩니까? 이때 성도들이 가져야 할 자세는 무엇입니
까?(8-10)

_____

_____

5. 땅에서 올라온 짐승의 모습을 그려 보십시오.(11-13)

_____

_____

6. 짐승들은 허락 받은 기적들을 미끼로 땅 위에 사는 사람들을 어떻게 했습니까?(14-15)

7. 이들은 사람들의 이마에 무엇을 받게 했습니까? 이것을 통해서 이들이 하고자 하는 것은 무엇입니까?(16- 17)

8. 짐승의 숫자는 무엇입니까?(18)

말씀의 깨달음

1. 용의 사주를 받은 바다에서 올라온 짐승과 땅에서 올라온 짐승은 모두 적그리스도를 상징합니다. 땅과 바다는 악이 나타나는 장소로 사용되고 있습니다. 이들은 기적과 능력을 행하면서 사람들을 자기 하수인으로 삼습니다. 그리고 하나님을 거역합니다. 이들의 계략에 미혹당하지 않기 위해서 우리는 어떻게 해야 합니까?

Tip 큰 용과 땅에서 올라온 짐승과 바다에서 올라온 짐승은 사단의 삼위일체입니다. 이 것은 하나님을 모방한 거짓된 것들입니다. 하나님을 교묘하게 위장한 사단의 패러 디를 조심해야 합니다. 지금도 이런 모습으로 우리에게 다가옵니다. 세상을 이기는 것은 우리의 믿음입니다. 하나님에 대한 분명한 믿음을 가질 때 우리는 그 믿음으로 이길 수 있습니다. 우리의 힘으로는 세상을 이긴다는 것은 불가능합니다. 말씀을 통 해 거짓된 것을 분별하며 하나님이 주신 약속을 더욱 붙잡는 것이 중요합니다.

2. 교회와 그리스도인을 미혹하기 위해서 사단이 사용하고 있는 전략 은 어떤 것들인지 말해 보십시오.

Tip 사단이 사용하는 것들은 과장되고 신성모독하는 말과 마흔두 달 동안 일하는 권세입 니다. 말을 조심해야 합니다. 화려한 말로 사람들을 유혹합니다. 우상으로 말하게 합니다. 또 하나는 권세를 사용하는 방법으로 이적을 행하는 것입니다. 이런 것들로 결국은 우상을 만들어 그것에 경배하게 합니다. 사단은 물질과 사람을 사용할 수 있 습니다. 매매의 표를 주게 한다는 것은 경제적인 어려움을 당하게 하는 것을 말합니 다. 마지막은 물질과의 싸움이 중요한 내용입니다. 이것을 이기기 위해서는 진리로 더욱 무장해야 합니다. 그렇지 않으면 사단의 간교한 속임수에 모두 넘어갑니다.

3. 교회가 사단을 이기는 응전의 방법은 무엇입니까?(참고. 계 13:10)

Tip 교회가 사단과 싸우는 방법은 악으로 싸우는 것이 아닙니다. 선으로 악을 이기는 것 입니다. 세상과 거꾸로 하는 방법입니다. 그것은 인내와 믿음입니다. 끝까지 인내하 면서 하나님이 이 전쟁에서 이기게 하심을 믿고 바라는 것입니다. 인간적인 방법을 사용하지 않는 것입니다. 예수님과 제자들이 사용했던 방법입니다. 희생과 죽음이 최고의 무기입니다.

4. 요한은 영적 분별력을 가지고 666의 숫자를 깨달으라고 말하는데 이 것은 무엇을 상징합니까?

Tip 짐승의 상징적인 숫자는 666입니다. 666은 문자적인 의미보다는 상징적인 숫자입니다. 666에서 6은 사람의 숫자입니다. 하나님의 숫자는 7인데 6은 하나가 미치지 못하는 부족한 숫자를 의미합니다. 이는 거짓 선지자로 인간의 실패를 상징합니다. 이들은 잠시는 성공하는 듯하지만 결국은 실패합니다. 사단은 허상입니다. 권세를 받은 것 같지만 일시적이고 신기루처럼 어느 때 갑자기 사라집니다.

1. 오늘 말씀을 통해 깨달은 영적 교훈과 붙잡아야 할 약속의 말씀은 무엇입니까?

2. 오늘 말씀을 통해 얻은 신앙의 각오와 결단은 무엇입니까?

3. 한 주간 동안 실천해야 할 말씀의 내용은 무엇입니까?

내가 깨달은 영적 교훈과 삶의 적용

SCENE **4**

새 노래와 세 천사

| 성경 본문 | 요한계시록 14:1-20

14장은 요한계시록 전체의 핵심을 이루는 곳입니다. 이 것은 두 장면으로 나타납니다. 두 가지가 마침내 종결됩니다. 하나는 어린양의 144,000에 속한 그리스도인의 승리를, 또 하나는 사단(용과 짐승)을 향한 무서운 재앙을 그리고 있습니다. 선과 악의 두 가지 그림으로 마무리하고 있습니다. 이것을 통해 하나님에게 속한 교회와 어린양 그리스도를 믿는 그리스도인의 삶은 당장은 어렵지만 결국은 승리한다는 확신을 얻을 수 있습니다. 요한은 당시 초대교회에게 이런 메시지를 통해 위로와 격려를 하고 있다고 생각할 수 있습니다.

1. 13장에서 성도들을 공격한 두 짐승의 악한 세력들 속에서 이길 수 있는 방법으로 요한에게 보여준 하늘의 모습을 말해 보십시오.(1-2)

_____

_____

2. 새 노래를 부를 수 있는 사람은 어떤 사람들입니까?(3-5)

_____

_____

3. 세 천사가 전하는 메시지를 정리해 보십시오.

1) 첫째 천사의 메시지는 무엇입니까?(6-7)

_____

_____

2) 둘째 천사의 메시지는 무엇입니까?(8)

_____

_____

3) 셋째 천사의 메시지는 무엇입니까?(9-12)

_____

_____

4. 하늘에서 들린 음성의 내용은 무엇입니까?(13)

5. 요한은 흰구름과 구름 위에 있는 사람을 보는데 그는 누구입니까? 그리고 그의 모습은 어떻습니까?(14)

6. 구름 위에 앉으신 이에게 구한 천사의 말과 그것에 대한 응답은 무엇입니까?(15-16)

7. 불을 다스리는 천사가 예리한 낫을 가진 천사에게 이른 말은 무엇입니까? 그것에 대한 천사의 행동을 말해 보십시오.(17-19)

8. 그 결과 성 밖에서 일어난 일은 무엇입니까?(20)

말씀의
깨달음

1. 새 노래는 어떤 노래입니까? 왜 144,000명만 새 노래를 배울 수 있습니까?

_____

_____

Tip 144,000명은 어린양의 피로 구속받은 사람을 의미합니다. 새 노래는 승리의 노래로 구원받은 사람들이 새로운 상태에서 부르는 노래라고 말할 수 있습니다. 그리스도인들이 날마다 구원의 감격으로 부르는 노래는 새 노래입니다.

2. 144,000명이 누구인가에 대해 구체적으로 말해 주는 3-5절의 내용을 정리해 보십시오.

_____

_____

Tip 144,000명은 명목상의 이름뿐인 그리스도인을 의미하지 않습니다. 144,000명의 자격은 그리스도인의 은혜로 구속받은 사람들입니다. 처음 익은 어린양에 속한 자들입니다. 그리고 그들은 입술에 거짓과 흠이 없는 사람들입니다.

3. 6-13절에 나오는 세 천사가 주는 메시지의 의미는 무엇입니까?

_____

_____

Tip 세 천사는 짐승을 추종하는 세력들에 대한 하나님의 심판을 말하고 있습니다. 첫째 천사는 영원히 전할 메시지인 복음을 가지고 있습니다. 하나님을 찬양하고 경배하는 메시지를 전합니다. 두 번째 천사는 바벨론의 멸망을 선포합니다. 이것은 17-18장에서 구체적으로 언급됩니다. 셋째 천사도 역시 짐승과 우상에게 절하는 자에게 심판을 내리는 메시지입니다.

4. 악의 세력에 대한 맹렬한 심판의 행위 속에서 성도들이 행하는 바는 무엇입니까?

_____

_____

Tip 성도들의 인내입니다. 인내를 통하여 믿음을 지키는 것입니다. 그러다가 죽을 수도 있지만 그것은 복 있는 죽음입니다. 왜냐하면 그리스도 안에서 죽는 것이기 때문입니다.

5. 14-16절의 낫으로 거두는 추수와 17-20절의 낫을 휘두르는 것의 차이점은 무엇입니까?

_____

_____

Tip 14-16절의 낫은 구원받은 그리스도인을 구원하는 의미입니다. 이것은 그리스도가 행합니다. 그러나 17-20절에서 낫을 휘두르는 것은 진노와 심판을 상징합니다. 이것은 천사들이 불신자를 향해 하나님을 대신하여 심판을 집행하는 행위입니다.

6. 성 밖의 의미는 무엇입니까? 1600스타디온은 어디까지 닿았습니까? 이것이 말하는 의미는 무엇입니까?

_____

_____

Tip 성 밖의 의미는 불신자들이 심판을 받는 장소를 말합니다. 하나님의 심판을 받는 곳으로 하나님을 믿지 않는 자에게 주어지는 형벌입니다. 그리고 1600스타디온은 320킬로미터로 서울에서 대구까지 거리입니다. 이는 실제거리라기보다는 하나님의 심판이 크고 대단함을 말합니다.

말씀의 실천

1. 오늘 말씀을 통해 깨달은 영적 교훈과 붙잡아야 할 약속의 말씀은 무엇입니까?

_____

_____

2. 오늘 말씀을 통해 얻은 신앙의 각오와 결단은 무엇입니까?

_____

_____

3. 한 주간 동안 실천해야 할 말씀의 내용은 무엇입니까?

_____

_____

내가 깨달은 영적 교훈과 삶의 적용

_____

_____

_____

_____

SCENE 5
일곱 대접 심판의 준비

| 성경 본문 | 요한계시록 15:1-8

15-16장은 재앙 시리즈 마지막인 대접 재앙의 내용을 다루고 있습니다. 마지막 재앙인 대접 재앙은 하나님을 끝까지 거부하고 회개하지 않은 사람들을 향한 하나님의 심판입니다. 주인되신 하나님께 예배하는 것을 거부하는 악에 대한 하나님의 징계를 다루고 있습니다. 7대접의 중심 메시지는 하나님께 예배하는 삶을 말하고 있습니다. 그리고 거부하는 사람들을 향한 하나님의 무서운 대접 심판을 보게 됩니다. 15장은 서론적인 재앙의 내용이고 16장에 본격적인 하나님의 대접 재앙이 소개되고 있습니다. 15-16장은 같이 읽어야 합니다. 서론을 가지고 있다는 것은 그만큼 대접 재앙이 크고 중요함을 말합니다. 7대접 재앙은 삽입이 없지만, 앞에 나온 삽입과 비슷한 내용이 간단하게 2-4절에 소개되고 있습니다. 15장은 어린양의 노래를 하는 천상의 모습과 하나님의 심판의 시작을 그리고 있습니다.

말씀의 살핌

1. 요한은 크고 이상한 다른 표징을 보았습니다. 이것은 이전의 다른 재앙의 모습과 달랐습니다. 그 내용은 무엇입니까?(1)

_____

_____

2. 천상에서 보인 구원받은 신자들의 모습은 어떠했습니까?(2-3)

_____

_____

3. 모세의 노래, 어린양의 노래의 내용을 정리해 보십시오.(3-4)

_____

_____

4. 하나님의 구원을 받은 그리스도인을 본 후에 요한은 재앙이 나타나는 하늘의 모습을 보는데 그것은 무엇입니까?

1) 성전이 열림(5절)

_____

_____

2) 제사장의 모습을 하고 있는 일곱 천사(6)

_____

_____

3) 진노의 대접을 전달하는 네 생물(7)

_____

_____

4) 저지할 수 없는 하나님의 심판(8)

_____

_____

1. 요한은 왜 "불이 섞인 유리바다"의 모습을 소개하고 있습니까? 앞에
나온 4:6의 "수정과 같은 바다"와 다른 점은 무엇입니까?

_____

_____

Tip 불은 심판의 이미지가 있습니다. 수정같이 고요하던 것이 불이 섞인 무서운 분위기
로 바뀌는 것은 이제 하나님의 심판이 임박했음을 보여주는 대목입니다.

2. 어떤 사람들이 하나님의 거문고를 가지고 어린양의 노래를 부를 수
있습니까?

_____

_____

Tip 짐승과 그의 우상과 그의 이름의 수를 이긴 자들입니다. 승리한 그리스도인을 말합
니다. 짐승의 표를 받지 않는 경건한 신자들을 의미합니다.

3. 어린양의 노래의 내용을 통해 발견되는 영적 교훈을 말해 보십시오.

_____

_____

Tip 노래의 내용은 네 가지입니다. 하나는 하나님의 행위는 기이하다는 것입니다. 둘째, 하나님의 방법은 공의롭고 참되시다는 것입니다. 셋째, 그 이름은 두렵고 영화롭다는 것입니다. 넷째, 하나님의 행위는 거룩하고 의롭다는 것입니다. 결론적으로 하나님의 심판이 내리기 전에 심판은 합당한 것이라는 것을 노래로 선포하고 있습니다.

4. 하나님의 진노를 가득 담은 금대접 일곱은 앞으로 닥칠 하나님의 심판을 말하고 있습니다. 이것을 통해 깨닫는 영적 교훈은 무엇입니까? 그리고 "증거의 장막의 성전" 이라고 말한 이유는 무엇입니까?

_____

_____

Tip 얼마나 하나님의 마지막 심판이 무섭고 크고 놀라운 것인지를 보여주는 대목입니다. 하나님의 진노의 심판이 있다는 것을 분명히 안다면 하나님께만 경배하는 결단이 일어나야 합니다. 마지막에는 하나님의 심판이 분명이 임한다는 것을 보여줍니다. 증거의 장막은 언약궤가 있는 지성소를 말합니다. 이것은 하나님의 심판이 말씀과 관계가 있음을 보여주려고 하는 것입니다.

5. "일곱 재앙이 마치기까지 성전에 들어갈 자가 없다" 는 의미는 무엇입니까?

_____

_____

Tip 하나님의 영광이 가득 찬 성전에 들어갈 수 없다는 것은 누구도 하나님의 심판을 저지할 수 없음을 말합니다. 이것은 노아의 심판을 위해 준비한 방주에 누구도 들어갈 수 없는 것과 같습니다. 여기서 성전은 하나님의 심판과 연관되고 있습니다. 그것은 하나님의 의지(성전에 연기)가 가득 찼기 때문입니다.

말씀의 실천

1. 오늘 말씀을 통해 깨달은 영적 교훈과 붙잡아야 할 약속의 말씀은 무엇입니까?

_____

_____

2. 오늘 말씀을 통해 얻은 신앙의 각오와 결단은 무엇입니까?

_____

_____

3. 한 주간 동안 실천해야 할 말씀의 내용은 무엇입니까?

_____

_____

내가 깨달은 영적 교훈과 삶의 적용

_____

_____

_____

_____

최후의 심판
일곱 대접 재앙

| 성경 본문 | 요한계시록 16:1-21

16장은 재앙 시리즈 마지막 부분인 대접 재앙을 다루고 있습니다. 대접 재앙이 끝나면 계시록 마지막 부분은 악의 도성인 바벨론의 멸망과 어린양의 신부인 예루살렘의 완성으로 끝이 납니다. 대접 재앙은 끝까지 하나님을 거역하는 사람들에 대한 하나님의 진노가 얼마나 무서운지를 보여주고 있습니다. 15장은 대접 심판을 위한 무대 배경이라고 보면 16장은 심판의 실제 공연 장면입니다. 대접 재앙은 크게 두 부분으로 나누어 진행됩니다. 1막은 네 개의 재앙으로 자연계에 대한 심판입니다. 2막은 세 개의 재앙으로 사탄의 보좌에 임하는 재앙입니다.

1. 요한이 본 성전에서 큰 음성의 말은 무엇입니까?(1)

_____

_____

2. 대접 재앙의 모습을 정리해 보십시오.(2)

대접 재앙	구절	모 습
자연- 첫 번째	2	
자연- 두 번째	3	
자연- 세 번째	4	
자연- 네 번째	8-9	
사단- 다섯 번째	10-11	
사단- 여섯 번째	12-16	
사단- 일곱 번째	17-21	

3. 셋째 천사가 말한 하나님의 심판의 정당성은 무엇입니까?(5-6)

_____

_____

4. 이런 선언에 대해 제단은(성전/16:1) 무엇이라 응답합니까?(7)

_____

_____

5. 계속되는 재앙에도 불구하고 사람들은 어떤 반응을 보입니까?(9, 11, 21)

_____

_____

6. 더러운 세 영은 어떤 것이며 그들이 모이는 장소는 어디입니까?(13-16)

_____

_____

7. 일곱째 재앙이 임하자 성전의 보좌로부터 어떤 음성이 들렸습니까?(17)

_____

_____

8. 큰 성 바벨론과 만국의 성들은 어떤 모습으로 멸망합니까?(19-21)

_____

_____

1. 하나님의 계속되는 심판에도 불구하고 세상 사람은 하나님을 모독하고 회개하지 않습니다. 오히려 하나님께 영광을 돌리기보다는 이 세상의 왕을 섬깁니다. 아마겟돈에 모이는 이 세상의 왕들의 모습은 미래의 어떤 모습을 그려 주고 있습니까?(참고. 삿 5:19)

2. 5-7번째 재앙은 사단에 대한 직접적인 재앙입니다. 그동안 활동했던 짐승의 왕좌는 무너집니다. 더러운 세 영은 모두 입을 가진 것들로 그동안 신자들을 괴롭혔던 존재들입니다(사단의 삼위일체인 용, 바다의 짐승, 땅의 짐승(12-13장)). 왜 세 영을 모두 입을 가진 존재로 묘사하고 있습니까? 또 이런 사단의 멸망은 신자들에게 어떤 힘을 줍니까? 이것이 주는 신앙의 유익과 사단을 이기는 핵심을 말해 보십시오.

3. 성전으로부터 들려온 큰 음성인 "되었다"(17절)는 말이 주는 의미는 무엇입니까?

의 심판이 마치게 된다는 것을 말합니다. 십자가 상에서 예수님이 "다 이루었다" 하신 것과 같습니다. 다 이루었다는 것은 구원도 이루었지만 심판도 이룬 것을 말합니다. 심판과 구원은 같이 이루어집니다.

4. 19절에 나오는 '큰 성 바벨론'과 "만국의 성들"의 멸망을 하나님의 마지막 심판과 같이 언급한 이유는 무엇입니까? 그리고 바벨론 성이 세 갈래로 갈라지는 것으로 표현한 이유는 무엇입니까?(참고. 계 14:8)

_____

_____

Tip 바벨론이 세 갈래로 갈라지는 것은 "큰 지진"(18절)과 연관되어 있습니다. 지진은 땅을 갈라지게 합니다. 큰 성이라 할지라도 지진이 나면 한순간에 무너집니다. 만국의 성들은 바벨론 큰 성을 추종하던 만국들을 의미합니다. 이들도 같이 멸망합니다. 그리고 바벨론이 멸망한 이유는 "하나님 앞에서 기억하신 바" 되었다는 것에서 의미를 찾을 수 있습니다. 바벨론의 죄는 하나님을 대적하고 하나님의 백성을 핍박한 죄입니다. 이 죄는 17-18장에서 자세히 소개합니다. 17:6에 보면 바벨론은 성도들의 피를 흘리게 했습니다.

5. 하나님이 인류에게 내리는 최종적인 심판은 어떤 모습입니까? 이것을 통해 깨닫는 영적 교훈은 무엇입니까?

_____

_____

Tip 지구상에 내릴 하나님의 마지막 심판의 모습은 창세 이래로 본 적이 없는 지진이 일어나게 되고 지구가 파괴되는 상황이 생길 것입니다. 지구는 하나님의 재앙으로 완전히 파멸하게 됩니다. 그럼에도 악한 인간들은 하나님을 거절하고 모독하는 일을 계속 자행할 것입니다.

말씀의
실천

1. 오늘 말씀을 통해 깨달은 영적 교훈과 붙잡아야 할 약속의 말씀은 무엇입니까?

_____

_____

2. 오늘 말씀을 통해 얻은 신앙의 각오와 결단은 무엇입니까?

_____

_____

3. 한 주간 동안 실천해야 할 말씀의 내용은 무엇입니까?

_____

_____

 내가 깨달은 영적 교훈과 삶의 적용

_____

_____

_____

_____

무너지는 바벨론

| 성경 본문 | 요한계시록 17:1-18

7재앙 시리즈가 끝나고 이제는 결론적인 메시지입니다. 악의 세력이 차례로 파멸당하고 교회 공동체는 승리와 영광을 누리게 됩니다. 그동안 교회를 괴롭혔던 악의 세력 중 첫 번째 파멸 대상은 바벨론입니다. 17-18장에는 바벨론이 어떻게 멸망하는지를 자세하게 보여주고 있습니다. 17장에서는 바벨론의 정체는 무엇이며, 그 바벨론은 어떻게 멸망하는지를 보여줍니다. 특히 17장에서는 바벨론이 음녀로 묘사되고 있습니다. 바벨론 멸망에 대한 예고는 이미 14장에서 언급되었습니다(14:8). 이제 그것이 17장에서 구체화되고 있습니다.

**말씀의
살핌**

1. 바벨론은 큰 음녀로 묘사되고 있는데 땅의 임금들과 땅에 사는 자들
은 그와 어떤 사이입니까?(1-2)

_____

_____

2. 큰 바벨론이라 불리는 큰 음녀의 모습을 말해 보십시오.(3-5)

_____

_____

3. 요한이 본 음녀는 누구의 피를 마시고 있었습니까?(6)

_____

_____

4. 이런 환상을 보고 소스라치게 놀란 요한에게 천사가 보여준 비밀은
무엇입니까?(7-18)

1) 짐승에 대한 설명(7-8)

_____

_____

2) 일곱 머리에 대한 설명(9-10)

_____

_____

3) 지금 없는 짐승에 대한 설명(11)

_____

_____

4) 열 뿔에 대한 설명(12-13)

_____

_____

5) 어린양에 대한 설명(14)

_____

_____

6) 큰 음녀가 앉아 있는 물에 대한 설명(15)

_____

_____

7) 열 뿔과 짐승과 음녀와의 관계에 대한 설명(16)

_____

_____

8) 이렇게 한 이는 하나님이십니다. 하나님은 어느 때까지 그들에게 통치권을 넘겨 줄 것입니까?(17)

_____

_____

9) 여자의 정체는 무엇입니까?(18)

1. 바벨론은 이 세상의 나라를 상징합니다. 바벨론의 특징은 크다는 것입니다(큰 바벨론(5), 큰 음녀(1), 큰 성(18)). 외적인 크기로 위세를 자랑하는 바벨론은 외모를 보는 세상의 모습을 상징합니다. 그리고 당시 로마를 상징합니다. 외형의 화려함과 크기를 따르는 위험과 큰 성이 무너지는 것을 보고(14:8) 느끼는 영적 교훈은 무엇입니까?

Tip 사람은 외형을 따라갑니다. 그러나 하나님은 중심을 보십니다. 이것은 수천 년에 걸쳐서 내려오는 화두입니다. 외형에 대한 매료는 이미 오래전부터 일어난 것으로 그리스도인이 경계해야 할 모습입니다. 특히 외형을 강조하는 사람들은 큰 성을 쌓는 일이 주력입니다. 그리고 그것으로 크고 화려함을 자랑합니다. 이 마력에 한 번 빠지면 평생 헤어나지 못합니다. 결국은 바벨론처럼 패망하게 됩니다. 성은 영원하지 않습니다. 큰 성의 화려함은 잠시입니다. 그것에 시간을 보내면 안됩니다.

2. 여자와 음행의 포도주에 취하는 세상의 왕들과 사람들의 끝은 파멸입니다. 순간적인 쾌락과 즐거움과 화려함으로 영원한 것을 놓치면 안됩니다. 사단의 이런 전략에 사람들이 빠지는 이유는 무엇입니까? 4절을 연관하여 말해 보십시오.

3. 6절에서 여자가 성도들의 피와 예수의 증인들의 피에 취한다는 의미는 무엇입니까?

4. 짐승은 정치적인 힘이고 음녀는 세상의 화려함과 경제적인 힘과 즐거움과 재미를 상징합니다. 서로의 능력을 주고받으면서 잠시 동안 힘을 드러내지만 결국은 패망에 이르게 됩니다. 이것은 어린양의 싸움에서 패하게 됩니다. 여기서 어린양은 누구를 말합니까?

5. 악한 세력의 통치와 번성이 하나님의 말씀이 응하기까지 있다는 영적 의미는 무엇입니까? 하나님은 왜 악한 세력에게 잠시 동안이나마 한 뜻을 가지게 하고 권세를 주십니까?

Tip 모든 것은 하나님이 통치하십니다. 악한 세력의 통치도 하나님의 허락 속에서 이루어집니다. 악의 세력은 독자적으로 번성할 수 없습니다. 모두가 말씀이 응하는 것과 연관되어 있고 결국은 말씀을 응하는 도구로 사용됩니다. 자기들의 성공과 자기들의 힘으로 착각해서는 안됩니다. 그리스도인은 그런 것에 미혹되면 안됩니다.

6. 본문을 통해 발견되는 진정한 성공에 대해 정리해 보십시오. 세상의 성공과 그리스도인의 성공의 차이점은 무엇입니까?

Tip 세상은 눈에 보이는 일시적인 일과 업적에 성공의 초점이 있습니다. 예를 들면 큰 건물로 성공을 가장하거나 화려한 업적과 일을 통해 비전을 품습니다. 그러나 그것은 일시적이며 결국은 사라집니다. 그리스도인의 성공과 비전은 눈에 보이는 일이 아닌 사람을 세우고 온전하게 만드는 것입니다. 음녀와 차별된 거룩한 신부로 살아가는 그리스도인을 만드는 일입니다. 이것은 눈에 보이지 않는 일입니다. 자손 대대로 주님의 제자를 만드는 일입니다. 이 일에 교회가 우선순위를 두고 힘을 모아야 합니다.

말씀의 실천

1. 오늘 말씀을 통해 깨달은 영적 교훈과 붙잡아야 할 약속의 말씀은 무엇입니까?

_____

_____

2. 오늘 말씀을 통해 얻은 신앙의 각오와 결단은 무엇입니까?

_____

_____

3. 한 주간 동안 실천해야 할 말씀의 내용은 무엇입니까?

_____

_____

내가 깨달은 영적 교훈과 삶의 적용

_____

_____

_____

_____

_____

SCENE 8

바벨론의 애가

| 성경 본문 | 요한계시록 18:1-20

요한계시록 17장은 음녀로 나타난 바벨론의 멸망을 다루었습니다. 18장은 도시 바벨론에 초점을 맞추어 그 멸망의 원인과 결과와 애가를 다룹니다. 애가를 마지막에 배치함으로써 바벨론의 멸망이 얼마나 통곡할 일인지, 한때 승승장구했던 바벨론의 화려함과 거대함이 얼마나 허무한지를 다시 확인하게 됩니다. 지금도 바벨론의 애가는 우리를 향해 울려 퍼집니다. 욕망과 거대함과 화려함에 매몰된 바벨론과 같은 세상을 향해 통곡의 노래가 들립니다. 바벨론애가는 그들의 마지막이 이렇게 슬피 울며 이를 가는 것임을 보여주고 있습니다.

1. 하늘에서 온 천사의 바벨론을 향한 외침은 무엇입니까?(1-2)

_____

_____

2. 바벨론이 무너진 이유는 무엇입니까?(3)

_____

_____

3. 바벨론의 가장 큰 죄는 무엇입니까?(5)

_____

_____

4. 구체적인 바벨론의 죄를 말해 보십시오.(4-8)

_____

_____

5. 재앙은 얼마 동안 일어납니까?(8)

_____

_____

6. 바벨론과 결탁된 사람들은 바벨론의 멸망에 대해서 애가를 부르고
있습니다. 그들이 부르는 애가를 말해 보십시오.(9-10)

_____

_____

7. 세상의 상인들이 바벨론의 파멸을 보고 슬퍼하는 이유는 무엇입니까?(11-13)

_____

_____

8. 바벨론 때문에 부자가 된 상인들은 바벨론의 파멸을 보고 어떻게 슬퍼하고 있습니까?(14-19)

_____

_____

9. 바벨론의 멸망은 얼마 만에 이루어집니까?(17, 19)

_____

_____

10. 하나님의 백성들을 향한 하나님의 촉구는 무엇입니까?(4, 20)

_____

_____

11. 힘 센 한 천사가 큰 맷돌 같은 것을 바다에 던짐으로 큰 바벨론 성은 어떻게 됩니까?(21-23) ("결코… 다시…아니하리라"가 여섯 번 반복된 내용을 찾아보세요.)

_____

_____

12. 바벨론이 멸망당하고 난 후에 남은 것은 피입니다. 그 피는 어떤

피입니까?(24)

_____

_____

1. 세상의 제국은 아무리 화려해 보여도 결국은 멸망합니다. 이 세상의 성공은 외적으로 화려한 것 같아도 잠간입니다. 그 이유는 무엇입니까?

_____

_____

Tip 외적으로 화려할수록 내부는 속이 빈 껍데기일 가능성이 많습니다. 무엇이든지 중심이 중요합니다. 중심이 무너지면 결국 사라집니다. 하나님을 향하는 마음이 없으면 그것은 모래 위에 지은 집과 같습니다. 세상의 성공이 이와 같습니다.

2. "하루 동안"(8절)에 재앙이 이르는 것과 "부와 화려함이 한 시간에 망하는"(10, 17, 19) 일을 통해 발견되는 영적 교훈은 무엇입니까?

_____

_____

Tip 부와 힘과 화려함과 큰 성을 쌓기 위해서는 천년 동안 수고를 합니다. 바벨론과 바사와 로마와 헬라 제국이 그러했습니다. 그러나 망할 때는 단 하루 만에, 단 한 시간 동안에 허무하게 사라집니다. 하나님을 떠난 악한 세력의 운명은 이미 패망이 정해졌습니다. 세상은 그 길을 향해 한 걸음씩 다가서고 있는 것입니다.

3. 바벨론의 애가(9-19)가 주는 의미는 무엇입니까?(울고 애통하는 구절이 9절, 11절, 15절, 19절입니다.)

Tip 성도들의 마지막은 찬송입니다. 그러나 악의 세력의 마지막은 슬피 울며 이를 가는 애가입니다. 같은 노래라도 차원이 다릅니다. 천상에서 천사들과 함께 부르는 찬송과 달리 영원한 지옥에서 슬피 울며 애통하며 애가를 부르는 불신의 사람들과 비교하면 지금의 고난은 슬픈 것이 아닙니다. 지금의 슬픔은 영원한 애통을 벗어나게 하는 것입니다.

4. 21-23절의 바벨론 멸망의 결론적인 메시지 중에서 반복하여 여섯 번 나오는 "결코… 다시… 아니하리라"의 반복된 표현이 주는 의미는 무엇입니까?

Tip 악의 세력이 완전히 멸망당하는 것을 강조합니다. 다시 부활하거나 소생하지 않고 완전히 사라진 하나님의 심판을 말합니다.

5. 바벨론이 멸망당한 것은 성도들이 흘린 피 때문입니다. 순교자들의 피가 바벨론을 멸망시키는 원인이 되었습니다. 이것이 주는 영적 의미는 무엇입니까?

Tip 순교자들의 피는 진리를 위해 끝까지 싸운 어린양을 따르는 사람들입니다. 진리를 의미합니다. 선을 말합니다. 비진리와 악이 선과 진리를 이길 수 없습니다. 잠시 이기는 것 같지만 그 피가 영원하고, 그 피가 승리합니다. 그것은 사라지지 않고 영원히 남습니다. 그리스도인은 망하는 것 같으나 망하지 않는 위대한 그 힘을 소유해야 합니다.

6. 바벨론이 멸망하면서 바벨론에 매여 살았던, 즉 그 힘으로 부유와 권세와 안락을 누렸던 사람들도 함께 모든 것을 잃게 되면서 파멸에 이르게 됩니다. 이들의 역사가 인생에 주는 영적 교훈은 무엇입니까?

_____

_____

Tip 도저히 안 무너질 것 같았던 애굽과 바벨론과 바사와 헬라와 로마의 대제국은 역사 속으로 사라졌습니다. 천년만년 갈 것 같았지만 무너질 때는 순식간에 사라졌습니다. 하나님은 악을 그대로 보고 계시지 않습니다. 이렇게 보면 우리가 하나님을 경외하고 그 말씀대로 실천하면서 사는 것이 가장 큰 복입니다. 이 세상에서는 비록 외적으로 초라하게 산다 할지라도 그 초라함은 결코 초라함이 아닌 부유함입니다.

말씀의 실천

1. 오늘 말씀을 통해 깨달은 영적 교훈과 붙잡아야 할 약속의 말씀은 무엇입니까?

_____

_____

2. 오늘 말씀을 통해 얻은 신앙의 각오와 결단은 무엇입니까?

_____

_____

3. 한 주간 동안 실천해야 할 말씀의 내용은 무엇입니까?

_____

_____

내가 깨달은 영적 교훈과 삶의 적용

어린양의 혼인잔치와 죽음의 잔치

| 성경 본문 | 요한계시록 19:11-21

요한계시록 18장은 슬픈 애가의 내용을 담고 있습니다. 그러나 19장은 기쁜 할렐루야의 찬양으로 가득 차 있습니다. 17-18장에서 소개된 바벨론의 멸망을 보고 승리의 찬가를 부르는 클라이맥스와 같은 내용입니다. 이것은 할렐루야 코러스로 어린양의 혼인잔치로 비유되고 있습니다. 하나님의 백성들 앞에 거대하게 버티고 있었던 바벨론이 멸망하고 이제 하나님의 통치가 실현된다는 의미에서 찬양이 나옵니다. 이것은 악에게 승리하는 그리스도인의 모습을 표현하고 있습니다.

말씀의 살핌

1. 천상에서 성도들과 부르는 할렐루야 코러스의 내용을 말해 보십시오('할렐루야' 를 찾아보면서).(1-8)

_____

_____

2. 어린양의 혼인잔치에 참여하는 준비된 거룩한 신부의 모습을 말해 보십시오.(7-8)

_____

_____

3. 천사가 요한에게 특별히 "기록하라"고 말한 내용은 무엇입니까?(9)

_____

_____

4. 요한이 감격하여 천사에게 엎드려 경배하려고 하자 천사가 한 말은 무엇입니까?(10)

_____

_____

5. 주님은 어떤 분이십니까?(11)

_____

_____

6. 주님을 묘사한 모습을 말해 보십시오.(12)

7. 주님은 무슨 옷을 입고 있으며 그분의 이름은 무엇입니까?(13-14)

_____

_____

8. 주님은 입으로 어떤 일을 하십니까? 그분의 옷과 넓적다리에는 무슨
글자가 쓰여 있었습니까?(15-16)

_____

_____

9. 태양 위에서 한 천사가 외쳐 부른 말은 무엇입니까?(17-18)

_____

_____

10. 요한이 본 짐승과 세상의 군왕들이 희망을 타고 오신 분과 대항하
려고 모였는데 그 내용을 말해 보십시오.(19)

_____

_____

11. 결국 세상을 통치했던 짐승은 붙잡혀 나중에는 어떻게 멸망합니
까?(20-21)

_____

_____

12. 공중의 새들이 초대하는 죽음의 잔치는 바다에서 올라온 짐승과 땅의 거짓 선지자를 나타내는 짐승과 그를 따르는 추종자들이 파멸당하는 잔치입니다. 두 짐승의 죽음의 잔치의 모습을 스케치해 보십시오. (17-21)(먹으라(18, 21)는 구절을 염두에 두면서)

말씀의 깨달음

1. 우리가 세상에서 실패하지 않는 이유는 우리의 행위에 있는 것이 아니라 하나님의 신실하심에 있습니다. 우리는 우리를 향하신 하나님의 신실하심을 어떻게 믿을 수 있습니까?(참고. 롬 1:17)

Tip 하나님의 신실하심은 성경 말씀을 통해 우리에게 약속되었습니다. 말씀대로 이루어질 것을 믿고 그 말씀에 순종하는 삶을 살아야 합니다. 우리의 행위가 아닌 하나님의 약속이 우리를 구원하심을 믿어야 합니다.

2. 어린양의 혼인잔치에 참여하는 깨끗한 세마포 옷을 입은 거룩한 신부는 음녀와 비교되는 모습입니다. 거룩한 신부의 세마포는 구체적으로 무엇을 의미합니까?(12-14절과 연관하여)

---

3. 요한계시록은 오직 하나님에게만 경배하는 모습을 그리고 있습니다. 로마 황제 숭배를 거부하고 끝까지 하나님에게만 경배하는 사람들에게는 어린양의 혼인잔치에 참여하는 특권을 줍니다. 여기서 천사 경배에 대한 구절(10절)이 잠깐 나오는 이유는 무엇입니까?

_____

_____

Tip 우리가 찬양하고 경배할 분은 오직 한 분이신 하나님이십니다. 천사 숭배와 같은 것은 잘못된 것입니다. 천사를 대신한 하나님의 사자(인간)를 숭배하는 것은 위험한 일입니다. 우리 가운데서 잘못하면 이런 일이 일어날 수 있습니다. 하나님을 대신한 천사와 같은 거짓 선지자들을 조심해야 합니다.

4. 하나님을 거역하던 적대 세력인 짐승은 결국 잡혀 산 채로 유황불에 들어갑니다. 이것을 통해 보면 세상에서 우리가 승리하는 삶을 살기 위해서 어떤 믿음을 지녀야 합니까?

_____

_____

Tip 하늘에서 어린양과 백마 탄 자가 와서 세상의 적대 세력을 모두 물리칩니다. 짐승의 표를 받고 우상에게 경배하던 자와 표적으로 미혹하던 자들이 산 채로 유황불에 던짐을 받습니다. 하나님의 자녀들은 결국은 승리한다는 하나님의 말씀을 붙잡고 살아야 합니다. 힘들수록 거룩함을 유지하고 주님의 깨끗한 세마포를 입고 주님을 따르는 삶을 살아야 합니다.

5. 전반부에 등장하는 천상의 "어린양의 혼인잔치"와 후반부에 등장하는 "두 짐승의 죽음의 잔치"를 서로 비교하면서 느끼는 점을 말해 보십시오.

_____

_____

말씀의 실천

1. 오늘 말씀을 통해 깨달은 영적 교훈과 붙잡아야 할 약속의 말씀은 무엇입니까?

_____

_____

2. 오늘 말씀을 통해 얻은 신앙의 각오와 결단은 무엇입니까?

_____

_____

3. 한 주간 동안 실천해야 할 말씀의 내용은 무엇입니까?

_____

_____

 내가 깨달은 영적 교훈과 삶의 적용

_____

_____

_____

_____

_____

천년왕국과 백보좌 심판

| 성경 본문 | 요한계시록 20:1-15

12-17장은 악의 모습이 소개됩니다. 용(12장), 짐승과 거 짓 선지자(13장), 음녀로 상징되는 바벨론입니다. 그러 나 그들이 멸망하는 순서를 보면 먼저 큰 바벨론 성(18 장)이 나오고 그 다음으로 짐승과 거짓 선지자(19장), 마 지막으로 남는 악의 실체인 우두머리 용(20장)입니다. 끝까지 괴롭히는 악의 수장인 용은 결국 멸망합니다. 여 기서 용은 사단을 의미합니다. 성도를 괴롭히던 사단의 운명이 어떻게 되는지 본문은 자세하게 밝혀 줍니다. 잠 시는 번성하는 것 같지만 결국은 허무하게 무너지는 사 단의 실체를 우리는 발견하게 됩니다. 당시 핍박당하는 성도들이 이런 하나님의 계획을 들었을 때 얼마나 위로 가 되었을까 충분히 상상이 갑니다.

말씀의
살핌

1. 요한은 한 천사가 내려와 어떤 일을 행하는 모습을 보았습니까? 그러나 사단인 용은 잠시 동안 어떻게 되었습니까?(1-3)

_____

_____

2. 그리스도와 더불어 천년 동안 왕 노릇 하는 사람들과 첫째 부활에 참여하는 사람들은 누구입니까?(4-5) 그들에게 주어진 복은 무엇입니까?(6)

_____

_____

3. 천년이 끝나 가는 무렵에 사단은 옥에서 놓임을 받아 어떤 일을 행합니까?(7-9)

_____

_____

4. 그러나 하늘에서 불이 내려와 성도와 마귀에게 어떤 일을 행합니까?(9-10)

_____

_____

5. 요한이 다시 본 환상의 모습은 무엇입니까?(11-12)

_____

_____

6. 둘째 사망으로 악의 세력은 모두 멸망을 당하는데 그 내용을 정리해 보십시오. (13-15)

_____

_____

1. 용(사단)이 잡혔다는 것은 무엇을 의미합니까? 왜 사단의 수장인 용이 마지막에 멸망하게 됩니까? 이것이 주는 의미는 무엇입니까?

_____

Tip 용의 결박은 예수님의 사역과 죽으심과 부활을 통해 이루어졌습니다(마 12:29; 눅 10:17-19). 사단이 살아 있는 한 우리의 행복은 온전하지 않습니다. 용이 완전히 멸망할 때까지 성도들의 고난은 계속되고 믿음의 인내 또한 계속되어야 합니다. 그리스도인은 완전한 승리를 거두는 날까지 믿음을 가지고 기다려야 합니다.

2. 사단은 결국 패망합니다. 잠시 동안 하나님의 백성들을 괴롭히지만 마지막에는 유황못에 던져지게 됩니다. 사단의 미래와 종말을 미리 바라보는 것은 우리에게 어떤 유익이 있습니까?

_____

Tip 시험 정답을 알고 문제를 푸는 것은 그리 어렵지 않습니다. 세상을 살다 보면 쉽게 풀리지 않는 문제가 많습니다. 그러나 우리는 이미 승리가 보장된 삶을 살고 있습니다. 미래에 나타날 희망을 보면 현재의 고난이 작게 보입니다.

3. 천년은 성도와 사단에게 모두 해당되는 것으로, 여기서 "천년"과 "잠시 놓이게 된다"는 의미는 무엇입니까?(참고. 사 24:21-22)

Tip 천년에 대한 해석은 다양합니다. 이것을 토대로 전천년설(주님의 재림이 먼저 있고 천년왕국이 문자적으로 온다고 보는 견해), 후천년설(천년왕국 이후에 주님이 재림한다는 견해), 무천년설(천년을 예수님의 초림과 재림의 시기로 보는 견해)이 있습니다. 천년이 어느 때인가를 중심으로 다르게 해석합니다. 바람직한 해석은 그리스도의 초림과 재림 사이의 시기로 무천년설로 이해할 수 있습니다. 문자적인 천년이라기보다는 상징으로 이해하는 것이 적절하다고 볼 수 있습니다. 천년 동안 사단은 결박당하고 교회와 성도들은 살아서 그 천년 동안 통치를 합니다. 교회와 성도들은 예수 그리스도를 통해서 이미 승리를 이루었습니다. 우리는 이미 이긴 싸움을 하는 것입니다. 지금 사단은 결박의 시기에 있습니다. 사단은 패배했습니다. 천년이 끝나는 무렵에 용은 잠시 풀려 나와서 모든 힘을 모아서 전쟁을 벌이게 될 것입니다. 그러다가 사단은 결국 멸망하게 됩니다.

4. 사단은 최종적인 멸망에 이르기 전에 잠시 풀려나와 우리를 괴롭힙니다. 현재 우리가 사는 세상의 모습이 이와 같습니다. 오늘 우리가 사단으로 인하여 당하는 어려움은 어떻게 이해하며 이겨야 합니까?

Tip 세상에서 악과 전쟁과 고난은 사단이 주관하고 있습니다. 그것으로 인간들을 괴롭힙니다. 너무 힘들면 사단과 타협합니다. 그러나 사단이 이렇게 세상에서 득세하는 것은 하나님이 허락한 동안만 행하는 것입니다. 잠시 동안 득세하고 활개를 치는 것이라고 생각한다면 그것에 타협하는 것은 어리석은 일이고 함께 멸망하는 것입니다. 지금 그리스도인을 괴롭히는 것은 이미 진 싸움에서 우리를 괴롭히는 것입니다. 이것을 알면 사단과의 싸움에서 승리할 수 있습니다. 사단이 이 싸움에서 패배했음에도, 그래서 결박당하고 있음에도 세상에서 활동하는 것은 이중적인 의미가 있습니다. 사단은 이런 사실을 알지 못하는 사람을 미혹합니다. 예수님의 재림의 때에 그의 활동은 완전히 중지됩니다.

5. 11-15절은 백보좌 심판입니다. 최종적인 심판과 생명책과의 관계를

말해 보십시오.

_____

_____

Tip 생명책은 두 종류가 있습니다. 하나는 구원받은 책입니다. 생명책에 기록된 자는 구원을 받습니다. 그러나 다른 책은 악한 행위를 기록한 것입니다. 그들은 행위에 따라 심판을 받습니다. 생명책은 구원의 책이면서 심판의 책입니다.

6. 8절에 곡과 마곡의 전쟁은 무엇을 의미합니까?(참고. 3절)

_____

_____

Tip 이것은 에스겔 38-39장을 배경으로 합니다. 천년이 찬 후에 사단이 감옥에서 잠시 풀려나와 만국을 미혹하는데 그들은 이 땅의 백성들입니다. 구체적으로 말하면 곡과 마곡을 의미합니다. 곡과 마곡은 '나라들'이라는 의미로 동격입니다. 즉 곡이라는 왕은 마곡이라는 지역을 통치하는 왕입니다. 곡을 중심으로 하여 연합군을 결성합니다.

1. 오늘 말씀을 통해 깨달은 영적 교훈과 붙잡아야 할 약속의 말씀은 무엇입니까?

_____

_____

2. 오늘 말씀을 통해 얻은 신앙의 각오와 결단은 무엇입니까?

_____

_____

3. 한 주간 동안 실천해야 할 말씀의 내용은 무엇입니까?

_____

_____

내가 깨달은 영적 교훈과 삶의 적용

SCENE 11
새 하늘과 새 땅과 새 예루살렘 성

| 성경 본문 | 요한계시록 21:1-27

21장은 하나님이 우리를 어디로 이끄시는가를 보여주고 있습니다. 마지막에 완성될 교회의 모습인데 이것을 새 예루살렘 성으로 비유하고 있습니다. 여기에 소개되는 새 예루살렘 성은 천국의 모습이라기보다는 앞으로 이루어질 교회의 모습입니다. 이것은 건물로서의 교회가 아닌 성도들의 지위와 모습을 교회의 완성으로 표현하고 있습니다. 그동안 우리는 이 부분을 물질적인 천국으로 이해를 한 경우가 많았습니다. 천국조차도 건물과 보석을 지닌 것으로 이해해서 천국에 가면 더 잘 산다고 하는 물질주의적 가치관으로 그려졌습니다. 그러나 이것은 바른 해석이 아닙니다.

1. 요한이 본 앞으로 이루어질 하나님나라의 모습은 어떠합니까?(1)

_____

_____

2. 요한이 다시 본 하늘에서 새 예루살렘 성이 내려오는 모습을 말해 보십시오.(2)

_____

_____

3. 하늘 보좌로부터 새 예루살렘 성에 대한 큰 음성이 들렸는데 그 내용은 무엇입니까?(3-4)

_____

_____

4. 보좌에 앉으신 이가 말하는 내용은 무엇입니까?(5-8)

1) 첫째 내용(5절):

_____

_____

2) 둘째 내용(5절):

_____

_____

3) 셋째 내용(6-8절)

_____

_____

5. 이기는 자와 둘째 사망에 들어가는 자들은 누구입니까?(7-8)

_____

_____

6. 9-27절은 새 예루살렘 성의 찬란한 모습을 그리고 있습니다.

1) 일곱 재앙을 담은 천사 중 하나가 와서 요한에게 말한 내용은 무엇입니까?(9)

_____

_____

2) 성령으로 인도되어 요한에게 특별히 보여준 내용은 무엇입니까?(10)

_____

_____

3) 새 예루살렘 성의 기본적인 건축 구조를 말해 보십시오. (11-14)

_____

_____

4) 새 예루살렘 건축 구조물의 측량 모습을 말해 보십시오. (15-17) ("척량" 이란 단어의 반복을 살펴보세요.)

_____

_____

5) 새 예루살렘 성을 장식한 보석들을 말해 보십시오.(18-21)

_____

_____

6) 새 예루살렘 성의 내부적인 중요한 특징들을 말해 보십시오.(22-27)

_____

_____

1. 하나님의 나라가 임하면 이 땅은 어떻게 될 것인가? 완전히 소멸되고 없어질까? 아니면 갱신되는 방향으로 존재할까? 새 하늘과 새 땅은 완성될 하나님나라의 모습입니다. 앞으로 일어날 새 하늘과 새 땅은 처음 만드신 에덴동산과 어떤 관계가 있습니까?

_____

Tip 하나님은 마지막에 악한 것을 불로 소멸하실 것입니다. 그러나 악에 속하지 않은 것은 보존하고 회복하실 것입니다. 주님의 첫 번째 창조를 질적으로 새롭게 하는 것을 의미합니다. 갱신적인 의미가 더 강하다고 볼 수 있습니다(롬 8:20-21). 하나님께서 첫 창조를 완전히 버리기보다는 그것을 보존하고 갱신하면서 새 하늘과 새 땅을 이루는 것으로 이해하는 것이 더 설득력이 있어 보입니다.

2. 거룩한 성 새 예루살렘에 대한 이해는 무엇입니까? 여기에 해당되는 근거 구절을 중심으로 말해 보십시오.(11절, 하나님의 영광, 열두 문, 열두 지파, 열두 기초석, 열두 이름/12-14절, 성벽 높이 (144규빗(70미터) 12×12) /정사각형(16절) /보석들(18-21절)은 성전의 모습, 에덴동산의 모습과 연결)

<hr/>

Tip 사단의 신부는 바벨론입니다. 어린양의 신부는 교회입니다. 이것은 천당의 묘사가 아닌 어린양의 신부인 교회 공동체의 모습입니다. 큰 성 바벨론과 거룩한 성 새 예루살렘과는 대조를 이루고 있습니다. 새 예루살렘은 그리스도의 신부, 곧 교회 공동체를 상징적으로 묘사해 주고 있습니다.

3. 완성될 하나님나라는 어떤 모습입니까?(3절에 반복해서 나오는 단어를 찾아보세요.)

<hr/>

Tip 주님이 함께하시는 곳이 하나님나라입니다. 하나님나라는 환경이나 물질이나 건물의 문제가 아닌 통치와 관계에 달려 있습니다. 하나님이 함께하는 곳이 곧 천국입니다.

4. 교회나 예배당을 성전으로 이해하는 것은 성경적이 아닙니다. 새 예루살렘 성 안에는 성전이 없다고 말한 이유를 말해 보십시오.

<hr/>

Tip 주님 자신이 곧 성전입니다. 주님과 교회가 완전히 하나로 결합되면 더 이상 성전은 의미가 없습니다. 하나님과 그리스도 자신이 곧 성전이 됩니다. 그리스도 자신이 성전이 됨을 의미합니다(요 2:19-21). 오늘도 우리가 주님과 하나되면 내 안에 성전이

있는 것입니다. 새 예루살렘에 들어올 수 있는 사람은 생명책에 기록된 사람들만 가능합니다.

말씀의 실천

1. 오늘 말씀을 통해 깨달은 영적 교훈과 붙잡아야 할 약속의 말씀은 무엇입니까?

_____

_____

2. 오늘 말씀을 통해 얻은 신앙의 각오와 결단은 무엇입니까?

_____

_____

3. 한 주간 동안 실천해야 할 말씀의 내용은 무엇입니까?

_____

_____

내가 깨달은 영적 교훈과 삶의 적용

SCENE 12
주 예수여, 오시옵소서!

| 성경 본문 | 요한계시록 22:1-21

21-22장은 믿음을 가진 그리스도인이 후에 어디로 초대
되는지를 보여주는 대목입니다. 찬란한 새 예루살렘 성
의 모습은 마지막에 완성될 교회의 모습을 그리고 있습
니다. 그리스도인의 삶은 영광스러움으로 마칩니다. 인
생의 끝을 알면 우리가 살아가는 것은 어렵지 않습니다.
우리에게 나타날 찬란한 영광을 본문은 보여주고 있습
니다. 이런 선물을 그리스도를 통해 우리에게 주신 것이
그저 감사할 뿐입니다.

말씀의
살핌

1. 그리스도인(교회)이 앞으로 맛볼 새로운 삶의 특징은 어떤 것들입니까?

1) 생명의 강이 어디로부터 흘러나옵니까?(1)

_____

_____

2) 그 생명의 강은 어떤 역할을 합니까?(2)

_____

_____

3) 이런 일을 통하여 이루어지는 모습은 무엇입니까?(3-4)

_____

_____

4) 인간은 하나님의 빛을 받아 어떤 일을 하게 됩니까?(5)

_____

_____

2. 어떤 사람이 복이 있습니까?(6-7)

_____

_____

3. 우리는 누구에게만 경배를 드려야 합니까?(8-9)

4. 주님이 오시면 어떤 일이 일어납니까?(10-16)

5. 하나님은 어떤 사람에게 징벌을 내리신다고 말합니까?(18-19)

6. 우리가 살아가면서 마지막으로 드려야 할 기도가 있다면 그것은 무엇입니까?(17, 20-21)

말씀의
깨달음

1. 강줄기에 있는 생명나무의 잎사귀들은 만국을 치료한다고 했는데 이것의 의미는 무엇입니까?

Tip 만국을 치료한다는 것은 하나님이 만드신 에덴동산의 회복을 의미합니다. 이제 더 이상 저주가 없는 세상이 우리에게 다가옵니다. 그것은 어린양 예수를 통해서 주어 지는 하나님나라의 모습입니다. 우리는 그리스도를 통하여 죄악을 치유하는 일을 해야 합니다.

2. 생명수의 강물 줄기를 따라 좌우에서 있는 생명나무는 무엇을 의미 합니까?(생명나무라는 말이 반복하여 나옵니다. 2절, 14절, 19절)

Tip 생명나무와 생명수는 같은 의미입니다. 이것은 거룩한 성 새 예루살렘의 교회 공동 체를 상징합니다. 여기에 참여하지 못한 사람은 구원에 이르지 못합니다. 인간이 타 락함으로 에덴동산에서 생명나무를 금했는데 이것이 다시 회복되어 생명나무가 열 두 가지 열매를 맺고 그 잎사귀를 통해 만국을 치료하는 것은 교회가 세상을 구원하 는 역할을 말합니다. 교회가 세상의 구원을 위해 온전한 사명을 감당하는 것으로 '치료' 라는 단어를 이해할 수 있습니다.

3. 다시 그들의 얼굴을 보면서, 다시 저주가 없고, 다시 밤이 없고, 햇빛 도 필요 없는 하나님이 그들의 빛이 되시는 회복은 무엇을 의미합니까? 그리고 그들이 세세토록 왕 노릇한다는 것은 무엇을 말합니까?

Tip 에덴동산에서 아담과 하와는 하나님을 대면하여 보았습니다. 그러나 타락하여 여호 와의 낯을 피하여 숨어버림으로 하나님의 얼굴을 볼 수 없었습니다. 하나님이 계시 하지 않으시면 이제는 하나님의 얼굴을 볼 수 없는 신세가 되었습니다. 그러나 그리 스도를 통해서 우리는 하나님을 볼 수 있게 되었습니다(요 1:18). 이제 하나님과 교 회의 올바른 관계 회복이 이루어질 것을 말합니다. 교회가 세세토록 왕 노릇한다는 것은 이 땅에서 누리는 교회의 하나님의 통치를 의미합니다. 에덴동산의 아담이 만 국을 관리하고 통치하는 사명이 드디어 회복되는 것을 말합니다. 즉 종말론적 완성 을 이루는 에덴의 삶을 회복하는 것입니다.

4. 하나님의 말씀은 신실하고 참되십니다(6절). 예언의 말씀을 지키는 자가 복이 있다고 한 이유는 무엇입니까? 요한계시록 처음에(1:3) 읽는

자와 듣는 자와 기록한 것을 지키는 자가 복이 있다고 한 것과 비교하여 다른 특징은 무엇입니까?

5. 요한이 축복의 말을 전하는 천사를 향해 엎으려 경배하자, 천사는 자기도 하나님의 종이라고 말하면서 하나님께만 경배하라고 말합니다. 요한계시록 전체 메시지와 관련하여 이것의 중요성을 말해 보십시오.

6. 왜 예언의 말씀을 인봉하지 말라고 했습니까?(참고. 단 12:8-13)

7. "상이 내게 있다"는 말과 "각 사람에게 행한 대로 갚아 준다"(12절)는 말씀의 의미를 말해 보십시오.(참고. 사 40:10, 60:11-12; 마 16:27; 시

62:12) (비교. 계 2:23, 18:6, 20:12-13, 22:12)

Tip 11절에 의하면 상을 줄 때는 삶의 행위와 관계가 있습니다. 여기서 상은 구원을 의미합니다. 의로운 자에게는 구원을 상으로 주고 불의를 행한 자에게는 심판이 주어질 것입니다. 구원은 믿는 자에게 주어지는데 믿음은 행위를 동반한 믿음입니다. 여기서 상급은 보응과 연관하여 이해해야 합니다. 상급을 주신다는 것은 하나님의 임하심과 통치를 말하는 것으로 하나님의 백성들에게 주시는 구원으로 이해할 수 있습니다. 예수님이 속히 오시는 것은 구원을 위한 것입니다. 물론 이때는 심판도 포함되어 있습니다. 여기서 상은 구원의 성취로 볼 수 있습니다.

8. 18절에 나오는 알파와 오메가요, 처음과 마지막이요, 시작과 마침이라는 말을 세 번 연속 사용한 이유는 무엇입니까? 이것은 요한계시록 전체와 어떤 관련성이 있습니까?(참고. 1:8, 1:17, 21:6) 또 "복이 있다"는 구절(14절)도 요한계시록 전체에서 일곱 번 나오는데 그것을 찾아보십시오.(1:3, 14:13, 16:15, 19:9, 20:6, 22:7, 22:14)

Tip 요한계시록에 일곱 번 사용되는 것은 전체 구조를 7이라는 숫자를 통하여 정리한 것이라 볼 수 있습니다. 이것은 심판과 구원을 주시는 하나님의 자격이 정당함을 강조하여 말하는 것입니다. 요한계시록은 우리에게 복을 주는 책으로, 이 복은 거져 주는 것이라기보다는 말씀을 지키는 자에게 주시는 복입니다.

9. 주님은 분명히 다시 오십니다. 우리가 늘 바라는 기도는 "주 예수여, 오시옵소서"입니다. 그리스도인은 죽음의 때까지 왜 이런 기도를 하면서 살아야 합니까?

Tip 그리스도인이 가장 소망하는 것은 주님이 오시는 것입니다. 주님이 오시면 세상의 불의와 불공평이 사라지고 진리가 세워질 것입니다. 더 이상 악이 번성하지 못합니다. 진리와 공의와 평화의 나라가 될 것입니다. 주님이 오시지 않으면 우리가 사는 세상은 여전히 악할 수밖에 없습니다. 그런 이유로 주님을 기다리는 일은 중요합니다. 그리스도인은 그날을 바라보면서 끝까지 진실하게 살아야 할 것입니다.

1. 오늘 말씀을 통해 깨달은 영적 교훈과 붙잡아야 할 약속의 말씀은 무엇입니까?

_____

_____

2. 오늘 말씀을 통해 얻은 신앙의 각오와 결단은 무엇입니까?

_____

_____

3. 한 주간 동안 실천해야 할 말씀의 내용은 무엇입니까?

_____

_____

저자 이대희 목사

장로회 신학대학교 신학대학원(M.Div)과 연세대학교 연합신학대학원(Th.M)을 졸업하고 현재 에스라성경대학원대학교 성경학박사(D.Litt) 과정 중이다.

예장총회교육자원부 연구원과 서울장신대학교 신학과 교수와 겸임교수를 역임하고 서울 극동방송에서 "알기 쉬운 성경공부" "기독교 이해" 등의 프로그램을 진행했다. 지난 20여 년 동안 성서사람 · 성서한국 · 성서교회 · 성서나라의 모토를 가지고 한국적 성경교육과 실천사역을 위해 집필과 세미나와 강의사역을 하고 있다. 현재 바이블미션(www.bible91.org) 대표, 꿈을주는교회 담임목사, 강남성서신학원 외래교수, 서울장신대 외래교수로 사역 중이다.

저서로 《30분 성경공부시리즈》《투데이 성경공부시리즈》《아름다운 십대 성경공부시리즈》《이야기대화식성경연구》《성경통독을 위한 11가지 리딩포인트》《심방설교 이렇게 준비하라》《예수님은 어떻게 교육했을까?》《1% 가능성을 성공으로 바꾼 사람들》《자녀를 거인으로 우뚝 세우는 침상기도》《하룻밤에 배우는 쉬운 기도》《하나님 이것이 궁금해요》《크리스천이 꼭 알아야 할 100문 100답》등 100여 권이 있다.

요한계시록 2

초판1쇄 발행일 | 2010년 4월 20일

지은이 | 이대희
펴낸이 | 박종태
펴낸곳 | 엔크리스토
마케팅 | 정문구, 강한덕
관리부 | 이태경, 신주철, 임우섭, 맹정애, 강지선

출판등록 | 2004년 12월 8일 (제2004-116호)
주   소 | 경기도 고양시 일산동구 장항동 568-17
전   화 | (031) 907-0696
팩   스 | (031) 905-3927
이메일 | visionbooks@hanmail.net
공급처 | 비전북 전화 (031) 907-3927 팩스 (031) 905-3927

ISBN 978-89-92027-86-1 04230
      89-89437-85-7 (세트)

값 3,000원

● 잘못된 책은 바꾸어 드립니다.
● 이 교재의 사용 방법, 내용, 훈련, 세미나에 대한 문의는 바이블미션(02-403-0196, 010-2731-9078)으로 해주시면 최선을 다해 도와드리겠습니다.